Die Liebe allein versteht
das *Geheimnis*,
andere zu beschenken und
dabei selbst reich zu werden.

AUGUSTINUS

Hab ich dir heute schon gesagt, wie gut du mir tust

benno

Zufriedenheit
erwächst nicht aus
Dingen,
sondern aus
der Tiefe
unserer Seele.

MARK W. BONNER

Nicht,
was wir erleben, sondern
wie wir es empfinden,
macht unser Leben aus.
MARIE VON EBNER-ESCHENBACH

Die höchste Form

des Glücks

ist ein Leben

MIT EINEM

GEWISSEN GRAD

an Verrücktheit.

Erasmus von Rotterdam

Ein großes Herz
ist geduldig.
AUS DEUTSCHLAND

Die Ehe ist

und bleibt

die wichtigste

Entdeckungsreise,

DIE DER MENSCH

unternehmen kann.

Søren Kierkegaard

Ein Tropfen Liebe
ist mehr als ein Ozean
Verstand.
BLAISE PASCAL

Das Leben ist

wundervoll.

Es gibt

Augenblicke,

DA MÖCHTE MAN

STERBEN.

Aber dann

geschieht etwas

Neues,

und man glaubt,

man sei im Himmel.

ÉDITH PIAF

Jeder,
der sich die Fähigkeit erhält,
Schönes zu erkennen, wird nie
alt werden.
FRANZ KAFKA

All die Leute,

die über sich selbst

lachen können

DIE SIND

SCHON

auf dem richtigen Weg.

SPRICHWORT

Aus vier *Augen* sieht
die Welt viel heiterer aus
als aus zweien.

SPRICHWORT

Es gibt nichts
Schöneres
*als geliebt
zu werden,*
GELIEBT UM
SEINER SELBST
WILLEN
**oder vielmehr
trotz seiner
selbst.**

VICTOR HUGO

Wir werden nicht älter mit den Jahren, wir werden neuer jeden Tag.
EMILY DICKINSON

Je länger man lebt,

desto deutlicher

sieht man,

DASS DIE

EINFACHEN

DINGE

wahrhaft die

größten sind.

ROMANO GUARDINI

Zuhören
ist eine Fähigkeit,
die mit dem Herzen
zu tun hat.

UNBEKANNT

Seelenruhe,

Heiterkeit und

Zufriedenheit

sind die

Grundlagen

allen Glücks,

aller Gesundheit

und des langen Lebens.

CHRISTOPH WILHELM HUFELAND

Leicht zu leben ohne Leichtsinn,
heiter zu sein ohne Ausgelassenheit,
Mut zu haben ohne Übermut –
das ist die Kunst des Lebens.
THEODOR FONTANE

Wer jeden Abend

sagen kann,

ich habe gelebt,

DEM BRINGT

JEDER

MORGEN

einen neuen

Gewinn.

LUCIUS ANNAEUS SENECA

Trost ist eine Gabe
des Herzens.
UNBEKANNT

Wer die Augen offen hält, *dem wird im Leben manches glücken.* DOCH NOCH BESSER GEHT ES DEM, **der versteht,** eins zuzudrücken.

JOHANN WOLFGANG VON GOETHE

Glücklich machen ist
das höchste Glück! Aber
auch dankbar empfangen
können ist ein Glück.
THEODOR FONTANE

Das Bewusstsein

eines erfüllten

Lebens

UND DIE ERINNERUNG

an viele gute Stunden

sind das größte Glück

auf Erden.

MARCUS TULLIUS CICERO

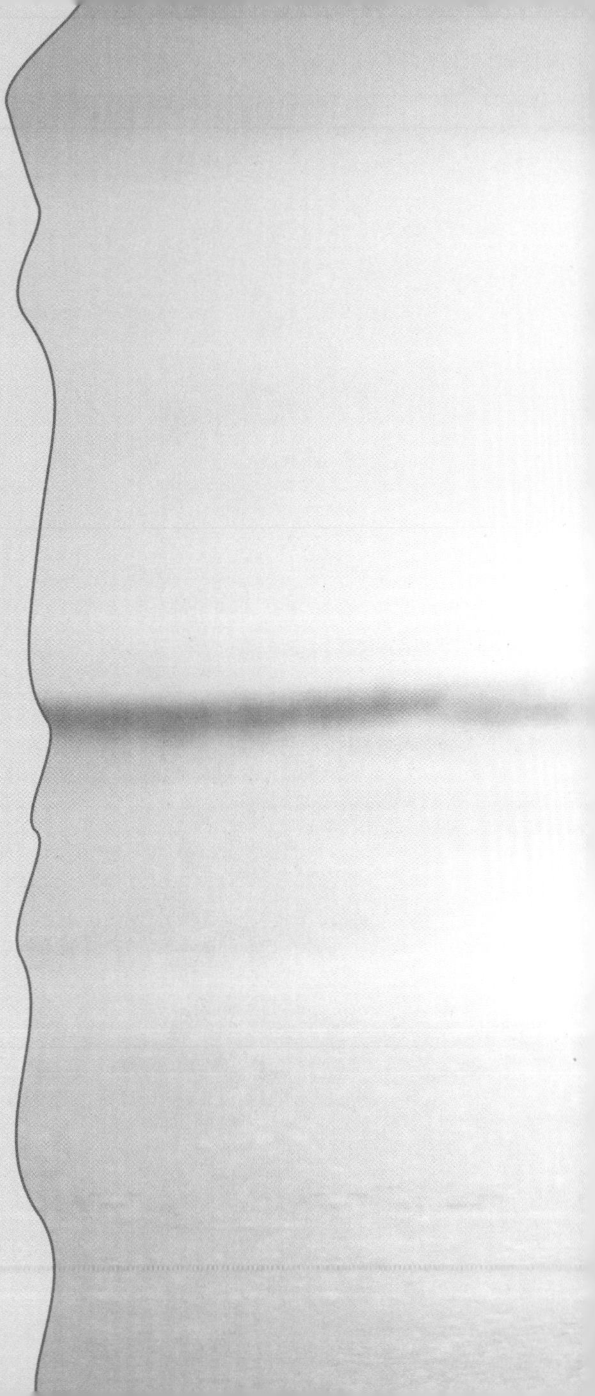

Drei Dinge sind uns aus dem *Paradies* geblieben: die Sterne der Nacht, die Blumen des Tages und die Augen der Kinder.

DANTE ALIGHIERI

Sei in diesem

Augenblick

glücklich,

das genügt.

WIR BRAUCHEN

NICHT MEHR

als den

Augenblick.

MUTTER TERESA

So viel in dir die Liebe wächst,
so viel wächst die *Schönheit*
in dir. Denn die Liebe ist
die Schönheit der Seele.

AUGUSTINUS

Bibliografische Information der Deutschen Nationalbibliothek
Die Deutsche Nationalbibliothek verzeichnet diese Publikation in der Deutschen Nationalbibliografie; detaillierte bibliografische Daten sind im Internet über http://dnb.d-nb.de abrufbar.

Bildnachweis:
Cover: © stock.adobe.com/Rita Kochmarjova
S. 2/3: © stock.adobe.com/canvasoflight
S. 4: © stock.adobe.com/Eric Isselée
S. 6/7: © stock.adobe.com/maria t hoffman
S. 8/9: © stock.adobe.com/kathomenden
S. 10/11: © stock.adobe.com/boryanam
S. 12/13: © stock.adobe.com/Jan Will
S. 14/15: © stock.adobe.com/cornelia_anghel
S. 16/17: © stock.adobe.com/dean
S. 18/19: © stock.adobe.com/Martinan
S. 20/21: © Harfian Herdi A.Rais/Shutterstock
S. 22/23: © stock.adobe.com/Tatyana Gladskih
S. 24/25: © Photomann7/Shutterstock
S. 26/27: © Sergey Uryadnikov/Shutterstock
S. 28/29: © stock.adobe.com/sakepaint
S. 31: © stock.adobe.com/annaav

Tierspuren:
S. 6, 8, 14, 18, 20, 22, 26: © stock.adobe.com/EvgeniyBobrov
S. 16: © stock.adobe.com/ЕВГЕНИЯ МУХИТОВА
S. 24: © stock.adobe.com/anatolir
S. 28: © stock.adobe.com/Lucky Creative's

ISBN 978-3-7462-6177-5

Zusammenstellung: Volker Bauch, Gößnitz
Umschlaggestaltung: Ulrike Vetter, Leipzig
Gesamtherstellung: Kontext, Dresden (A)